DOM ANTONIO AFONSO DE MIRANDA, S.D.N

NOVENA DE
São Sebastião

DIREÇÃO EDITORIAL:
Pe. Fábio Evaristo R. Silva, C.Ss.R.

REVISÃO:
Bruna Vieira da Silva

COORDENAÇÃO EDITORIAL:
Ana Lúcia de Castro Leite

DIAGRAMAÇÃO E CAPA:
Bruno Olivoto

COPIDESQUE:
Sofia Machado

ISBN 85-7200-503-X

1ª edição: 1988
25ª impressão

Todos os direitos reservados à **EDITORA SANTUÁRIO** – 2018

Rua Pe. Claro Monteiro, 342 – 12570-000 – Aparecida-SP
Tel.: 12 3104-2000 – Televendas: 0800 - 16 00 04
www.editorasantuario.com.br
vendas@editorasantuario.com.br

Oração inicial

– Em nome do Pai † do Filho e do Espírito Santo. Amém.

– Ó Deus, nosso Pai, vós quereis que glorifiquemos vossos santos, com os quais, cheio de clemência e de amor, repartistes os tesouros de vossa bondade e misericórdia. Humildes e confiantes estamos em vossa presença e, durante esta novena em honra de São Sebastião, nós vos pedimos a graça que tanto necessitamos. Livrai-nos de todo pecado e fazei-nos zelosos na prática do bem. Permanecei conosco em todas as tentações, e recebei estes nossos pedidos durante esta novena. (*Rezar o Creio em Deus Pai...*)

– Espírito Santo, Deus de amor, concede-me uma inteligência que te conheça, uma angústia que te procure, uma sabedoria que te encontre, uma vida que te agrade, uma perseverança que enfim te possua. Amém.

Ladainha de São Sebastião

Senhor, **tende piedade de nós.**
Jesus Cristo,
Senhor,
Jesus Cristo, **ouvi-nos.**
Jesus Cristo, **atendei-nos.**
Santa Maria, **rogai por nós.**
São Sebastião, Intrépido Capitão de Jesus Cristo,
Valente Defensor da Santa Igreja,
Fiel imitador dos Apóstolos,
Coluna Inabalável do Evangelho,
Morada do Espírito Santo,
Estrela radiante de sabedoria e humildade,
Protetor contra as guerras,
Defensor poderoso contra a fome e as epidemias,
Socorro imediato contra as doenças e
as calamidades,
Restaurador da Paz entre os Homens,
Consolação e Esperança dos prisioneiros,
Guerreiro defensor de vossos devotos,
Sede-nos propício, **perdoai-nos, Senhor.**
Sede-nos propício, **ouvi-nos, Senhor.**

De todo pecado, **livrai-nos, Senhor.**
De todo mal,
Da condenação eterna,
Cordeiro de Deus, que tirais o pecado do mundo, **perdoai-nos, Senhor.**
Cordeiro de Deus, que tirais o pecado do mundo, **ouvi-nos, Senhor.**
Cordeiro de Deus, que tirais o pecado do mundo, **tende piedade nós.**
Rogai por nós, mártir São Sebastião, **para que sejamos dignos das promessas de Cristo. Amém.**

Oremos: Deus onipotente e misericordioso, destes a São Sebastião superar as torturas do martírio. Concedei que, celebrando o dia de seu triunfo, passemos invictos por entre as ciladas do inimigo, graças à vossa proteção. Por nosso Senhor Jesus Cristo, vosso Filho, na unidade do Espírito Santo.

Pai-nosso... Ave-Maria... Glória ao Pai...

– Deus, que é nossa salvação, abençoe-nos, faça brilhar sobre nós sua paz, agora e sempre. Em nome do Pai, do Filho e do Espírito Santo. Amém!

1º dia
São Sebastião,
testemunho de fé

1. Oração inicial *(p. 3)*

2. Palavra de Deus *(Jr 1,4-5)*
Foi dirigida a Palavra do Senhor, dizendo: "Antes que eu te formasse no seio materno, eu te conhecia, antes que saísses do ventre, eu te consagrei; eu te estabeleci profeta das nações".
– *Palavra do Senhor!*

3. Meditação
Ao iniciar hoje a novena deste glorioso Santo, coloquemo-nos diante dele como um exemplo vivíssimo de fé. Ele foi cristão nos tempos do Imperador Diocleciano, em Roma. Viveu em tempos de perseguição. Muitos foram presos, degredados e mortos em Roma, por causa de Jesus Cristo. Naqueles tempos não era fácil ser cristão.
Sebastião era capitão da Guarda do Imperador. Mesmo conhecendo, melhor que todos, o risco que ia correr, pediu para ser admitido como

cristão. Passou pelo catecumenato, foi instruído sobre os compromissos de fé, e recebeu, conscientemente, o batismo.

Hoje, não corremos risco por sermos cristãos. Entretanto, muita gente renega a fé de seu batismo. Peçamos a Deus, por intercessão do glorioso São Sebastião, que nossa fé seja robustecida. Que tenhamos coragem de professá-la em todas as circunstâncias e de jamais a renegar por nenhum motivo.

4. Oração própria do dia

Ó glorioso Santo, que fostes tão corajoso em viver como cristão em um meio tão adverso à fé, alcançai-nos de Deus, por Jesus Cristo, a graça de uma ardente fé, corajosa e destemida nas adversidades e que possamos, unidos a Cristo pela graça, dar testemunho daquilo que professamos em nosso batismo. Por Cristo nosso Senhor, na unidade do Espírito Santo. Amém.

5. Ladainha de São Sebastião *(p. 5)*

2º dia
São Sebastião,
testemunha de caridade

1. Oração inicial *(p. 3)*

2. Palavra de Deus *(Mt 10,5-8)*
Jesus enviou os doze, depois de lhes dar as seguintes instruções: "(...) Andando pelo caminho, anunciai que o Reino dos Céus está perto. Curai os doentes, ressuscitai os mortos, purificai os leprosos, expulsai os demônios. De graça recebestes, de graça deveis dar".
– *Palavra da Salvação!*

3. Meditação
Sebastião, feito cristão pelo batismo, começou a ser, em Roma, entre muitos coirmãos na fé, vivo testemunho de caridade. Dizem os historiadores que, como consequência das perseguições, eram, então, numerosos os prisioneiros e os que se tornavam pobres, porque o governo sequestrava os seus bens.
Sebastião deu-se ao intenso exercício da caridade, visitando os encarcerados e confortando-

-os, encorajando e ajudando os que foram atingidos pela pobreza. Muito antes, pois, de dar o testemunho do martírio, Sebastião dava perante todos o testemunho da caridade.

Hoje em dia, são muitas as pessoas marginalizadas e desempregadas. É, certamente, a nova legião de sofredores mais característica de nossos dias. Só a caridade dos verdadeiramente cristãos poderá socorrê-los, ampará-los e estimulá-los.

São Sebastião se apresenta, assim, como modelo e exemplo que devemos imitar. E, certamente também como intercessor no céu, por aqueles que sofrem entre nós privações e falta de conforto. Peçamos a nosso Santo resignação para os que sofrem e coragem para sermos todos testemunhas da caridade fraterna.

4. Oração própria do dia

Ó Glorioso Santo, que nos legais tão belo exemplo de coragem e caridade, nós vos pedimos que nos alcanceis de Deus o amparo para os pobres e marginalizados e para todos os cristãos, particularmente para nós que vos reverenciamos nesta novena, a graça do ardor na caridade e da comiseração para com os sofredores. Por Cristo nosso Senhor, na unidade do Espírito Santo. Amém.

5. Ladainha de São Sebastião *(p. 5)*

3º dia
São Sebastião,
testemunho de fortaleza

1. Oração inicial *(p. 3)*

2. Palavra de Deus *(2Tm 2,11-13)*

Se morremos com Cristo, com ele também viveremos; se perseveramos com ele, com ele também reinaremos; se o renegamos, ele também nos renegará; se somos infiéis, ele permanece fiel, pois não pode negar-se a si mesmo.

– *Palavra do Senhor!*

3. Meditação

São Sebastião, militar, de rígida têmpera, aprimorada formação, tinha caráter forte, varonil. Distinguia-se pela coragem e fortaleza de ânimo com quem servia à autoridade imperial.

Convertendo-se ao cristianismo e sendo batizado, o Espírito Santo transfigurou, pela graça, esses dons naturais, que nele resplandeciam. E ele colocou a serviço do Reino de Deus sua alma varonil e destemida. Soldado do Imperador, mudou-se em soldado de Cristo. Foi com a mesma coragem e fortaleza com que servia antes a seu senhor temporal, que Sebastião, depois, a ele resistiu, quando ameaçado de morte por causa das práticas e convicções religiosas. Desassombrado, sem temor, enfrentou a perseguição e o martírio, e não renegou a fé que professava.

No mundo em que vivemos, nossas convicções religiosas nem sempre permanecem inabaláveis. Diante de mesquinhas ameaças, abandonamos as disposições com que saímos, por exemplo, de um cursilho ou encontro de casais. Falta-nos a fortaleza de ânimo. E essa só a do Espírito Santo no-la pode dar, como a deu a São Sebastião. Vendo nele o grande modelo de coragem e destemor, peçamos por sua intercessão esse mesmo dom. E proponhamo-nos imitá-lo nos momentos difíceis em que nossa fé for provada.

4. Oração própria do dia

Valoroso e forte mártir, que não temestes a ameaça dos poderosos, mas confessastes varonilmente a fé cristã nos momentos de perseguição; alcançai-nos do Espírito Santo o dom de fortaleza para resistirmos ao mal e perseverarmos fiéis até a morte. Fazei de nós cristãos autênticos e destemidos, verdadeiros soldados do exército do grande e único Rei. Nós o pedimos por nosso Senhor Jesus Cristo, na unidade do Espírito Santo. Amém.

5. Ladainha de São Sebastião *(p. 5)*

4º dia
São Sebastião,
padroeiro dos injustamente perseguidos

1. Oração inicial *(p. 3)*

2. Palavra de Deus *(Rm 8,35-37)*
Quem vai nos separar do amor de Cristo? A tribulação, a angústia, a perseguição, a fome, a nudez, o perigo, a espada? Como está escrito: "Por tua causa nos matam o dia todo; somos tratados como ovelhas de corte". Mas em tudo isso somos mais que vencedores por meio daquele que nos amou.
– *Palavra do Senhor!*

3. Meditação
São Sebastião comparticipou da injusta perseguição que atingiu a Igreja em seus primórdios em Roma. Os decretos do Imperador, que mandavam reprimir as práticas cristãs, atingiram milhares, talvez milhões de pessoas. Foi uma época de grandes sofrimentos para gente, em sua maio-

ria, humilde. Pois, exatamente os humildes e os pobres eram os que mais, generosamente, abraçavam o cristianismo. Era uma situação de grave injustiça, de vez que não podia haver nenhum crime em seguir ditames da própria consciência.

São Sebastião, embora altamente situado, pois era capitão da Guarda Imperial, foi também envolvido nas mesmas perseguições, exatamente por ser fiel à voz da consciência. É, talvez, a mais grave injustiça essa de insurgir contra a consciência de uma pessoa e prendê-la, torturá-la e matá-la por motivos de religião.

Ainda hoje no mundo essa forma de injustiça existe. Em muitos lugares, principalmente em países comunistas, os cristãos são perseguidos, presos e impedidos de viver livremente sua fé. São Sebastião pode, assim, ser considerado Padroeiro de todos quantos são injustamente perseguidos, principalmente por causa de religião. Peçamos, por sua intercessão, que cessem as injustiças no mundo e que Deus olhe, com benevolência, para todos os que são vítimas de tais sofrimentos.

4. Oração própria do dia

Glorioso mártir São Sebastião, que sofrestes com alegria a injusta perseguição romana, olhai para todas as pessoas que, em qualquer parte do mundo, estão padecendo pela injustiça de corações embrutecidos. Alcançai, para os que sofrem tais padecimentos, resignação e coragem. E, para todos nós, obtendo-nos as disposições de fortaleza e amor, a fim de, se necessário, suportarmos perseguições para a glória de Jesus Cristo e da Santa Igreja. Por nosso Senhor Jesus Cristo, na unidade do Espírito Santo. Amém.

5. Ladainha de São Sebastião *(p. 5)*

5º dia
São Sebastião,
padroeiro contra
a violência

1. Oração inicial *(p. 3)*

2. Palavra de Deus *(Cl 3,12-13)*
Irmãos: Portanto, como escolhidos de Deus, santos e amados, revesti-vos de sentimentos de misericórdia, de bondade, de humildade, de mansidão e de paciência, suportando-vos uns aos outros e perdoando-vos mutuamente, se alguém tem de lamentar-se com relação aos outros.
– *Palavra do Senhor!*

3. Meditação
O mártir São Sebastião não foi somente uma vítima da perseguição romana. Nem mesmo simplesmente mártir como milhares de outros cristãos. O suplício que sofreu se caracterizou por dupla violência brutal contra sua pessoa. Primeiramente, São Sebastião foi entregue aos algozes para ser morto a

flechadas. Amarrado a um tronco de árvore, dispararam contra seu corpo numerosas flechas. Deixaram-no esvaindo-se em sangue, acreditando que já estivesse morto. Uma senhora piedosa, que o encontrou na floresta, levou-o para casa e ele se salvou.

Na segunda vez, porém, foi aprisionado quando apareceu diante do Imperador, em uma festa pública. E, então, mataram-no a cacetadas, barbaramente diante da multidão. Ele foi, assim, duplamente martirizado e duplamente agredido de modo violento. Pode ser considerado, no céu, o Padroeiro contra a violência.

Em nossos dias, vivemos todos aterrorizados com a violência reinante por toda a parte e que nos ameaça constantemente. Tanto nos grandes centros, como nas cidades pequenas, o roubo, o assassinato a sangue frio, e outras barbaridades, que atentam contra a vida alheia, são motivos de pânico e de horror. Estamos sempre sob o signo do medo.

Peçamos ao poderoso São Sebastião, que experimentou duplamente o impacto da violência brutal, que nos assista e nos proteja. Que ele, por seu poder intercessor, livre nossas casas, nossas famílias e nossas pessoas do perigo de agressões violentas. Peçamos, sobretudo, que ele obtenha do céu para os criminosos o perdão e a mudança de coração.

4. Oração própria do dia

São Sebastião, que fostes atingido por tão grandes sofrimentos e fostes duas vezes vítima de violência, olhai para o nosso mundo tão violento, tão agressivo e perigoso. Tende piedade de todos nós, que somos constantemente perturbados pelo medo. Valei-nos nos momentos de ansiedade, livrai nossa casa do perigo dos assaltos e nossa vida da ameaça dos ladrões e criminosos. Por nosso Senhor Jesus Cristo, na unidade do Espírito Santo. Amém.

5. Ladainha de São Sebastião *(p. 5)*

6º dia
São Sebastião,
padroeiro da agropecuária

1. Oração inicial *(p. 3)*

2. Palavra de Deus *(Tg 5,13-15)*
Alguém de vós está sofrendo? Reze. Alguém está alegre? Cante. Alguém de vós está doente? Chame os presbíteros da Igreja, a fim de que rezem sobre ele, ungindo-o com óleo em nome do Senhor. A oração da fé salvará o doente, e o Senhor o levantará; e, se ele cometeu pecados, estes serão perdoados.
— *Palavra do Senhor!*

3. Meditação
Tradicional devoção entre os brasileiros considera São Sebastião padroeiro da agropecuária. Tem-no como o defensor dos campos e, principalmente, dos rebanhos. Em muitos lugares, existe até o costume de oferecer ao Santo bezerros e porcos com o pedido de que ele defenda e proteja os animais contra as epidemias e doenças.

Não se sabe de onde procede essa tradição e o motivo dessa particular devoção dos nossos homens do campo. Seria, porventura, porque São Sebastião sofreu o martírio em uma floresta, amarrado a um tronco de árvore? Ou em alguma época, particularmente difícil para os rebanhos, alcançaram-se, por intercessão de São Sebastião, especiais graças e milagres de proteção aos bens do homem da roça? De qualquer modo que seja, muitos asseguram ter colocado sob a proteção desse Santo seus rebanhos e ter obtido, por essa forma, sua ajuda miraculosa.

Deus pode ter querido secundar o espírito de fé dos roceiros, aceitando como Padroeiro da lavoura e da pecuária esse glorioso mártir. Invoquemo-lo, pois, nessa qualidade, implorando sua ajuda para todos os trabalhadores da roça, para suas criações e suas lavouras.

4. Oração própria do dia

Poderoso São Sebastião, a quem reconhecemos singular bondade para com todos os que estão no árduo trabalho da lavoura e no meio de animais; nós vos pedimos, confiantes, por todos os pecuaristas e roceiros, por seus rebanhos e plantios. Obtende de Deus as chuvas para as regiões mais secas, que estão sofrendo. Afastai de todos os rebanhos as doenças e a morte. E fazei que não faltem, jamais, o pão e a saúde aos que trabalham ganhando o alimento no suor do próprio rosto. Por nosso Senhor Jesus Cristo, na unidade do Espírito Santo. Amém.

5. Ladainha de São Sebastião *(p. 5)*

7º dia
São Sebastião,
patrono dos militares

1. Oração inicial *(p. 3)*

2. Palavra de Deus *(Ef 4,4-5)*
Irmãos: Há um só Corpo e um só Espírito, como também há uma só esperança à qual fostes chamados, a de vossa vocação. Há um só Senhor, uma só fé, um só batismo.
– *Palavra do Senhor!*

3. Meditação
Nos tempos do Imperador Diocleciano, Sebastião alistou-se na milícia imperial. Jovem, robusto e de boas maneiras, ele uniu a esses dotes a coragem, a dedicação às armas e o amor à Pátria. Grangeou, assim, a estima e a confiança de seus chefes e do próprio Imperador. Em pouco tempo, conquistou postos na milícia e, segundo reza a tradição, era capitão da Guarda Imperial quando se fez cristão, recebendo o batismo.

Por sua condição de soldado e por seu amor e fidelidade à Pátria, ele é venerado como Padroeiro dos Militares. Entretanto, o apreço pela carreira militar não o desviou dos deveres de cristão. Quando se preparou para o batismo, ele aprendeu como catecúmeno que a vida cristã devia ser um compromisso com Cristo, tal qual a vida militar era um compromisso com a Pátria. Mas sabendo que o Imperador não era um Deus e que Jesus Cristo é o Rei dos reis, ele preferiu obedecer antes a esse Rei que o Imperador romano. O martírio foi, por isso, a sublimação de suas qualidades de soldado. E ele se apresenta para todos os militares como lídimo exemplo de heroísmo e de nobre altivez.

Roguemos sua intercessão por nossas forças armadas, por nossos policiais, pelo Corpo de Bombeiros e por todos os que expõem a vida para defesa da comunidade.

4. Oração própria do dia

Glorioso Mártir São Sebastião, valoroso soldado, exemplo de dedicação e heroísmo; obtende para nossa Pátria a defesa do céu nas horas mais difíceis, e para todo o mundo, alcançai a graça da paz. Assisti aos militares, policiais e ao Corpo de Bombeiros nas arriscadas funções que desempenham. Do alto do céu olhai o povo que vos confia sua defesa. E obtende-nos, enfim, o destemor da fé, para a vosso exemplo, servirmos o Rei dos reis, Jesus Cristo, como nosso soberano Senhor. Por nosso Senhor Jesus Cristo, na unidade do Espírito Santo. Amém.

5. Ladainha de São Sebastião *(p. 5)*

8º dia
São Sebastião,
padroeiro contra pestes e epidemias

1. Oração inicial *(p. 3)*

2. Palavra de Deus *(Ap 7,16-17)*

Não terão mais fome, nem sede; nem o sol os afligirá, nem ardor algum, pois o Cordeiro que está no meio do trono será seu Pastor e os conduzirá às fontes de água viva. E Deus enxugará toda lágrima de seus olhos.

– *Palavra do Senhor!*

3. Meditação

A piedade popular tem honrado São Sebastião como Padroeiro contra a fome, a peste e a guerra. Possivelmente porque, em alguma época da história, recorreram a sua intercessão diante do tormento de alguma guerra com suas consequências mais aflitivas: a fome e a peste que se alastraram atingindo homens e animais. E porque a ajuda do Santo foi propícia nessa circunstância, passou-se a invocá-lo, em especial, para que defendesse os animais atingidos ou expostos ao perigo da peste.

É grande a confiança de nossos roceiros em São Sebastião. Por todos os rincões do Brasil se implora a proteção deste Santo para o gado e todos os animais, na esperança de que sejam livres da raiva e outras epidemias que os atingem. É muito louvável a devoção de nosso povo. E nunca é demais rogar a Deus pela intercessão de um Santo que se tem mostrado tão poderoso. E é de se crer que, tendo ele dado tamanho exemplo de virtude enfrentando o martírio, goze diante do Senhor de grande crédito para nos socorrer.

Afastemos, entretanto, de nossas práticas toda a superstição. Não atribuamos ao simples fato de oferecer um bezerro a São Sebastião, ou de fazer sua novena, um mágico poder contra os males naturais. Tenhamos confiança na bondade de Deus, que pode revelar-se por meio de prodígios, sem estar sujeito a determinadas práticas de devoção de nossa parte. É com esse espírito de compreensão que vamos invocar o poderoso Santo, para que seja nosso protetor contra a guerra, a fome, a peste e todas as epidemias.

4. Oração própria do dia

Ó Deus todo-poderoso, que tendes manifestado em diversas ocasiões a valia de São Sebastião contra epidemias, pestes e doenças, e também contra a guerra; nós vos pedimos, mais uma vez, pela intercessão de tão heroico mártir da fé, sejamos defendidos do perigo de uma nova guerra e de suas horríveis consequências nucleares. Imploramos também de vossa bondade, pelos méritos desse Santo, sejam protegidos os animais de nossos campos de toda epidemia. Enfim vos rogamos, Senhor, pelo sangue que São Sebastião derramou, livrei as populações mais sofredoras, particularmente as crianças inocentes, da terrível ameaça da fome que ceifa no mundo tantas vidas. Nós vo-lo pedimos por Cristo nosso Senhor, na unidade do Espírito Santo. Amém.

5. Ladainha de São Sebastião *(p. 5)*

9º dia
São Sebastião,
modelo para todos os cristãos

1. Oração inicial *(p. 3)*

2. Palavra de Deus *(Fl 1,25-26)*
Disto estou convencido: sei que vou ficar e permanecer perto de vós todos para vosso progresso e para alegria de vossa fé, a fim de que vosso orgulho a meu respeito cresça sempre mais em Cristo Jesus, com minha nova vinda até vós.
– *Palavra do Senhor!*

3. Meditação
São Sebastião, que veneramos e invocamos nesta novena, foi, como todos nós, escolhido por Deus para a graça do batismo a serviço da Igreja. Ele teve uma vocação particular, a que Deus o chamou, e desempenhou, na Igreja de Roma, um ministério de leigo. Recebeu de Deus excelentes carismas ou dons, para testemunhar

a fé, praticar a caridade e padecer o martírio. Sem uma vocação e dom especial de Deus, ele não poderia ter cumprido os deveres cristãos unidos às funções de militar, e ser coroado, enfim, com a grande graça de derramar o sangue por Jesus Cristo.

Todos nós, cada um a seu modo e em seu lugar, fomos também chamados por Deus, primeiramente para o batismo, e depois para testemunhar na Igreja a vida de cristão. Todos recebemos do Espírito Santo dons e carismas, que são nossas qualidades sublimadas pela graça. Temos, certamente, funções ou ministérios na Igreja. Uns como pais de família, outros como jovens, cada um em seu ramo profissional.

Nossa grande vocação é a vocação cristã, e nosso serviço à Igreja é o testemunho e a dedicação em qualquer lugar que estivermos. Nesse sentido, podemos e devemos, todos, ver em São Sebastião um exemplar de vida cristã. Os santos canonizados pela Igreja – e entre eles São Sebastião – nos são apresentados como modelos que devemos imitar, e não somente admirar.

Roguemos ao Espírito Santo, ao final desta novena, sejamos capazes de testemunhar nosso cristianismo na vida profissional que exercemos, como São Sebastião o fez.

4. Oração própria do dia

Senhor, ao encerrar esta novena em honra do glorioso mártir São Sebastião, nos vos pedimos o mesmo espírito que o fez tão forte, tão leal, tão dedicado. Infundi, Senhor, em todos nós os dons do Espírito Santo. Fazei-nos descobrir em nós os carismas que nos destes, para colocá-los a serviço de nossa comunidade. Enfim, Senhor, dai-nos, pela intercessão de São Sebastião, sermos perseverantes no cumprimento de nossos deveres cristãos até a morte. Por Cristo nosso Senhor, na unidade do Espírito Santo. Amém.

5. Ladainha de São Sebastião *(p. 5)*

A marca FSC® é a garantia de que a madeira utilizada na fabricação do papel deste livro provém de florestas que foram gerenciadas de maneira ambientalmente correta, socialmente justa e economicamente viável.

Este livro foi composto com as famílias tipográficas Avenir, Bellevue e Calibri e impresso em papel Offset 75g/m² pela **Gráfica Santuário.**